AF259398

RÉPLIQUE

AU

CITOYEN SALAVILLE,

RÉDACTEUR DE L'ARTICLE PARIS,

Dans les Annales patriotiques,

PAR P. A. ANTONELLE.

A ROCHEFORT,

Chez JEAN-BAPTISTE BONHOMME,
Imprimeur-Libraire.

5 JUIN 1793, L'AN 2e. DE LA RÉPUBLIQUE
UNE ET INDIVISIBLE.

A V I S.

J'ai tort, sans doute, d'appeller ce nouvel
Écrit une Réplique; la Réplique ne sauroit
précéder la Réponse, et l'on ne m'a pas
répondu; on s'est contenté de réimprimer
l'opinion attaquée, en l'amendant un peu
sous quelques rapports. Cette seconde lettre
n'a donc pas de rapport nécessaire avec la
première; elle pourroit en être séparée et
considérée en elle-même, indépendamment
de toute connoissance de la première. C'est
une réfutation nouvelle de l'opinion du citoyen Salaville, c'est un nouveau dévelop-
pement de la mienne.

Au-dedans comme au-dehors, l'attaque
anti-révolutionnaire, la résistance contre-
révolutionnaire, l'infinité des manœuvres
et des intrigues dé-révolutionnaires, la coa-
lation et le concert des esprits non-révolu-
tionnaires, sont dans toute leur puissance
et en pleine activité. Nous les surmonte-
rons, il n'y a pas de doute. Mais, comme

mesure d'achèvement et propre à abréger la crise, ce seroit une chose étrange que le prône civique suivant : Vous tous, généreux Défenseurs des droits sacrés du Peuple, à peine recouvrés, non affermis, non établis encore, de toutes parts insultés, méconnus, trahis, attaqués, écoutez-moi : — Vos sollicitudes, vos efforts, votre surveillance, vos sacrifices, la persévérance de tous vos témoignages de dévoûment à la chose publique, sont une *superfétation révolutionnaire*. . . . Asseyez-vous donc, je vous en conjure, asseyez-vous, car il n'y a plus rien à faire, et chacun de vos mouvemens gâte tout.

Ce prône cependant seroit le résumé fidèle, le résultat essentiel de l'opinion que j'attaque.

AU CITOYEN SALAVILLE

Oui, Citoyen, j'ai dit et prouvé que la *Mission première* de la Convention nationale étoit de sauver la chose publique par *l'achèvement de la Révolution*. J'ai dit et prouvé que cette *Mission première* subsistoit encore.

Selon vous, une telle Mission *n'est pas essentiellement révolutionnaire*, ... elle ne l'est qu'*accidentellement*.

Vous ne m'entendez pas, ou je ne vous entends point ; car, c'est la *Mission* elle-même qui est *accidentelle*, ainsi que son objet. Quand l'objet sera rempli, la *Mission* ne sera plus. Mais, aussi long-temps qu'elle subsiste, elle est *essentiellement* révolutionnaire, puisque son objet est l'achèvement de la Révolution.

Il faut en dire autant de cette autre Mission de la Convention nationale, qui consiste, non pas à donner au Peuple une

Constitution, mais à rédiger le projet de Constitution qu'elle doit soumettre au Peuple. Cette Mission n'est pas moins accidentelle que l'autre. Elle finira de droit au moment où le projet sera rédigé. Mais aussi, tant qu'elle dure, elle a son caractère essentiel, qui est d'investir et de charger les Représentans du Peuple, du droit et du devoir de concourir officiellement à la rédaction de ce projet.

Il n'y a pas, ce me semble, d'autre différence à saisir. Ce n'est pas là *tomber dans le plus déplorable contre-sens*, c'est, au contraire, séparer nettement deux choses très-distinctes, présenter avec clarté des idées simples et justes, et manifester le désir naturel d'être bien entendu.

J'ai dit aussi qu'il importoit beaucoup de finir réellement la Révolution, non pas en essayant d'y mettre un terme, ce qui n'auroit d'autre effet que de la prolonger très-douloureusement, mais en la menant à son véritable terme. J'ai dit que rien ne nous manquoit pour en terminer heureusement le cours, mais que le période actuel étant à

la fois le plus pénible et le plus décisif,
le moment étoit venu d'user de tous nos
moyens ; j'ai dit que la loi absolue et éternelle, la loi suprême du salut public, devoit l'emporter sur cette double foiblesse du
respect des formes qui la contrarient, et
des ménagemens qui la violent ; j'ai dit que
le grand événement révolutionnaire n'étant
qu'ébauché, le pouvoir révolutionnaire devoit encore être exercé ; j'ai dit qu'il falloit
redoubler de vigueur, d'activité, de surveillance et de sévérité contre les traîtres ;
j'ai dit qu'à cet égard, la Convention nationale devoit se montrer, plus que jamais,
fière et inexorable ; j'ai dit que la confiance
qu'on nous prêche, la fausse clémence qu'on
voudroit inspirer, la vieille habitude de mol-
lesse, de repos servile et d'insouciance pour
la chose commune, que l'on cherche à
ranimer, produiroient inévitablement et
gratuitement une suite nouvelle de sottises
honteuses et de maux horribles ; j'ai dit, en
un mot, qu'il falloit continuer à prendre et
suivre, avec vigueur, les mesures propres
à terminer la Révolution. J'ai prouvé tout

cela assez longuement , surabondamment peut-être ; car, depuis long-temps , et ce qui se dit et ce qui se fait ne permet plus de doute à quiconque veut entendre et voir.

J'ai dit ces choses, et j'ai cru devoir les dire par respect pour l'évidence et la chose publique. Je les répète aujourd'hui par les mêmes motifs : et vous avez eu raison d'imprimer que ces motifs sont purs. Ils feroient pardonner des opinions inconsidérées ; ils peuvent faire aimer davantage des opinions sages qu'il est utile de répandre et de rappeler sans cesse.

Mais vous - même, Citoyen , dont les motifs sont purs aussi , je n'en doute pas, vous, qui cependant sembleriez exprimer des opinions à peu près opposées aux miennes , ne cacheriez-vous pas, sous ce déguisement de langage , quelque arrière pensée que vous jugeriez impolitique de produire ? Ce genre d'artifice tiendroit beaucoup à la sagesse d'autrefois.

J'ai lu votre réponse ; c'est bien là de la réserve et de l'adresse ; ce n'est pas de la logique et de la candeur.

Vous aviez promis d'*approfondir* la question que j'avois *seulement effleurée.* Je ne saurois vous exprimer à quel point m'a paru nouvelle votre manière d'*approfondir* une question sans y toucher.

Il y a quelque chose aussi de très-gai dans cette déclaration, faite par vous à vos Souscripteurs, que vous avez *suffisamment réfuté les objections du citoyen Antonnelle.* Il est probable qu'ils ne s'inquièteront pas plus que vous-même de ces objections : ce n'est pas au moins votre réponse qui pourra leur donner un tel souci, car vous n'avez pas pris la peine d'en aborder ni d'en présenter une seule.

J'en puis dire autant de cette suite de raisonnemens et d'observations, qui appuyent les divers développemens de mon opinion dans tout le cours de ma lettre. Vous m'auriez aussi bien répondu sans la lire, et pour me réfuter ainsi, la première partie de mon épigraphe vous apprenoit tout ce que vous aviez besoin de connoître.

Cette méthode a deux avantages; d'abord, elle est infiniment commode. On se bat fort à l'aise en tenant l'antagoniste à l'écart. En second lieu, l'on est à peu près certain de faire triompher son opinion. En effet, le Souscripteur, qui lit ces belles choses dites avec beaucoup d'assurance, ne va pas imaginer qu'elles portent toutes à faux, et jugeant à son tour que l'adversaire de l'opinion attaquée est *suffisamment réfuté*, il ne doute plus de l'extrême justesse de cette opinion.

Hasardons encore quelques mots sur cette opinion si juste, au risque de les voir non moins ignorés que la longue lettre dont ils deviennent le post-scriptum.

Vous avez découvert, citoyen, que *pour finir réellement une Révolution*, (qui par conséquent n'est pas *finie*) *il faut la regarder comme entièrement consommée*, et conséquemment ne rien faire pour la finir.

Vous avez découvert que *l'intime persuasion de l'achèvement d'une Révolution* non achevée, *est la seule mesure révolutionnaire qui puisse être admise pour la terminer, et que toutes les autres mesures*

(7)

sont vaines. C'est comme si l'on disoit, que pour faire exécuter une loi qu'on n'exécute pas, il suffit de la tenir pour exécutée ; c'est comme si l'on disoit, que pour mener à bien une guerre sérieuse et juste, et parvenir à la fin qui la fait soutenir, il faut regarder cette fin comme obtenue, la guerre comme terminée, poser les armes, se laisser battre et dépouiller par respect pour la grande mesure militaire, qui consisteroit à supposer que l'ennemi partage cette *intime persuasion.*

Certes, il étoit bien superflu de me dire que *vous êtes sûr de ne pas vous être trompé ;* cela est trop évident pour moi. Mais comment approuver, ou même concevoir, qu'en matière grave, un bon citoyen ne se fasse pas quelque scrupule de tromper ainsi les autres par de prétendues sentences qui ne sont qu'un véritable abus de mots, par des définitions et des maximes également évasives, qui déplacent la question et n'en laissent plus appercevoir le véritable point ?

Une Révolution, dites-vous encore, *est*

*un procès entre plusieurs fractions de la
société que la majorité juge souverainement. Quand la majorité a prononcé,
la révolution est consommée.* Vous tenez
beaucoup à ce raisonnement, et vous
y revenez en ajoutant qu'*il est de la plus
grande justesse.*

Il me paroît, à moi, que dans la question
qui nous occupe, il étoit impossible d'en
laisser échapper un plus frivole. J'ai déjà
dit, pour ceux qui feignent d'assimiler
l'accomplissement de la Révolution au
jugement d'un procès, que la chose étoit
jugée irrévocablement dans le droit et dans
le fait; dans le droit, par l'évidence et les
principes, dans le fait, par l'existence
même de la Convention, par la volonté
nationale qui la créa, qui la maintient,
enfin, par la nature même de ses pou-
voirs, etc.

Mais de cela seul, que le procès sur la
question de savoir si le Peuple Français
vouloit ou non la Révolution, est jugé
souverainement en faveur de l'affirmative;
il ne s'ensuit pas du tout que la Révolution

soit *terminée*, il s'ensuit qu'elle est prononcée ; il ne s'ensuit pas du tout qu'elle est faite, il s'ensuit qu'il est légitime et obligatoire, pour tous, de travailler à la faire, tout au moins de n'y mettre aucun obstacle ; il ne s'ensuit pas enfin que l'œuvre révolutionnaire soit *consommée*, mais il s'ensuit que préalablement à tout ce qui doit la suivre, il faut que l'œuvre en soit consommée.

Une *Révolution* qui auroit eu pour principe la haine de l'erreur et de l'iniquité, comme sources de tout mal, plus encore que l'amour du juste et du vrai, comme sources de tout bien, mais dont la fin dernière devroit être cependant le paisible triomphe de ceux-ci dans l'humiliation et la plus grande impuissance des autres, ne seroit pas une *Révolution achevée* par cela seul, que les hommes de bien chercheroeint *à se bien persuader qu'elle l'est ;* au contraire, cette manière de la commencer ou de la suivre n'en permettroit jamais l'achèvement.

Une Révolution nationale, solemnellement consentie par la majorité, n'est pas non plus une Révolution *terminée* par cela seul, mais elle est une Révolution légitime, qui, je le répète, rendue à l'instant même la première des lois, principe et fin de toutes les autres, donne le droit et impose le devoir au pouvoir révolutionnaire délégué, d'user de *tous les moyens de force et de justice nationale nécessaires pour la terminer.*

Le vieux régime de quatre-vingt-huit a cessé d'être, sans doute. Frappé à mort dans toutes ses racines frêles et sans profondeur, il ne peut offrir aucun sujet d'espérances ou d'alarmes. A cet égard, il n'y a plus de véritable appel, parce que chacun sent que le retour en est impossible. Le citoyen Salaville se trompe s'il imagine avoir en ce genre un seul homme à *rassurer* ou à *désabuser.* L'imbécillité de l'espoir et celle de la crainte ont leur mesure qui ne va pas jusques-là.

Sans doute aussi le coup révolutionnaire est irrévocablement porté; son contre-coup doit atteindre et se faire sentir à toutes

les extrémités de la terre ; et comme il n'y
a pas deux esprit-humains , le dernier
effet de notre Révolution sera par-tout le
même ; son succès universel me paroît
infaillible : les Droits de l'Homme triom-
pheront tôt ou tard de toutes les tyrannies.
J'ai développé cette opinion dans ma
première lettre ; j'ai tâché de la rendre
sensible ; j'en ai prouvé la justesse de la
manière dont une chose de ce genre peut
être prouvée ; je crois, ou plutôt je sens,
qu'elle est incontestable en principe : c'est
à la nature , dont le plus puissant moyen
est le temps, à la réaliser un jour.

Mais ce n'est plus de tout cela qu'il
peut être question dans cette Réplique
au citoyen Salaville ; il faut bien que, pour
lui répondre, je rentre dans les limites
qu'il a tracées lui-même. Je n'envisagerai
donc le renouvellement révolutionnaire
que dans son rapport exclusif et direct à
la *République* Française , et je m'attache
à la question particulière qui nous divise.

*La Révolution est-elle ou n'est-elle pas
consommée?*

Premier point de vue.

En sens absolu et sous le point de vue définitif, l'idée de l'accomplissement de notre Révolution se composeroit de deux idées que l'on pourroit énoncer ainsi : La Déclaration des Droits de l'Homme et du Citoyen, *gravée* dans nos cœurs ; les conséquences pratiques et théoriques de ces Droits, développées et établies dans nos mœurs, nos institutions et nos Lois.

Voilà bien la dernière fin ; l'on ne sauroit aller plus loin quant à nous ; l'on ne peut même rien imaginer au-delà. Et cependant, si je voulois exprimer, avec justesse, une telle situation des hommes et des choses en France, situation qui très-évidemment n'est pas la nôtre encore, à beaucoup près, je croirois devoir employer précisément les mêmes expressions dont le citoyen Salaville veut que l'on se serve aujourd'hui, et qu'il dit être les seules justes. Je répéterois avec lui : *notre Révolution est entièrement consommée.*

Il est donc évident qu'un de nous deux se trompe étrangement sur la signification des termes.

Je passe à la seconde position, moins exacte sans doute, mais, par cela même, moins défavorable au système du citoyen Salaville. Je ne puis, il est vrai, donner aux termes dont il s'est servi, la justesse qui leur manque; mais il doit m'être permis de supposer, tant que je n'aurai pas acquis une conviction contraire, que son opinion est moins fausse que ses expressions.

Deuxième point de vue.

En sens particulier et restreint, et sous un point de vue moins prononcé que le précédent, l'idée de notre Révolution *terminée, et n'offrant plus d'aspérités à franchir*, supposeroit au moins l'accomplissement des deux conditions suivantes :

1°. La cessation de la guerre que nous fait l'Europe à peu près entière conjurée contre le succès de cette Révolution, dans l'intention connue et hautement déclarée de nous replacer sous un nouveau joug, ce que très-certainement elle n'obtiendra pas, mais ce qui, très-évidemment aussi, entrave fortement la marche de notre Révolution, fait obstacle à son achèvement, et peut bien être mis dans la classe des *aspérités à franchir*.

2°. La cessation de ces complots atroces, de ces manœuvres infernales, de cette guerre intestine qui met cinq Départemens en feu, qui tient à toutes les conspirations de l'intérieur comme à la scélérate ligue du dehors, qui s'alimente de tous les fanatismes, qui se prolonge par l'appel et le recrutement de tous les mécontens furieux, de tous les scélérats obscurs, qui a pour cause et pour objet la haine de la Révolution, la résistance à la Révolution, l'anéantissement de la Révolution, ce que très-certainement ils n'opèreront pas, mais ce qui, très-évidemment encore, entrave la marche de notre Révolution, fait obstacle à son achèvement, et peut bien être mis dans la classe des *aspérités à franchir*.

C'est cependant au centre de ces deux

incendies qu'il faut enfin étouffer et que nous étoufferons assurément ; c'est d'ailleurs avec la connoissance et l'intime conviction de la nécessité où se trouvent aujourd'hui les bons Citoyens de se maintenir toujours prêts pour tout sacrifice et tout danger, d'être plus que jamais actifs, surveillans, pénibles, infatigables, vraiment dévoués, que le Républicain Salaville imprime et leur signifie tranquillement cette inconcevable remontrance : *Votre agitation n'est qu'une superfétation révolutionnaire. . . . Nous avons franchi toutes les aspérités de la Révolution : . . . . elle est faite, . . . elle est terminée, . . . elle est entièrement consommée. . . .* Il ne vous reste plus qu'à vous *reposer* et vous *asseoir* pour en *jouir* plus à l'aise.

L'on voit que, sous le second point de vue de la question, le système du citoyen Salaville est encore insoutenable.

J'arrive à la troisième position : je l'ai choisie extrêmement réduite, afin de me bien assurer s'il est ou non possible de donner quelque apparence de justesse à l'opinion d'un bon esprit, dont l'égarement absolu, réfléchi, persévérant sur un point si intéressant et si clair, m'étonne à l'excès.

Troisième point de vue.

Dans le sens le plus restreint et sous le point de vue le plus adouci, pour qu'il ne fût pas tout à fait déraisonnable de chercher à faire entendre que la *Révolution est entièrement consommée*, il faudroit avoir pu s'assurer préalablement de la réalité des trois suppositions suivantes, dont chacune indique et détermine un progrès réel, et le moyen nécessaire d'un nouveau progrès.

La première de ces suppositions à réaliser devroit être la sincère adoption d'une déclaration des droits, franche et complette, qui, généralement adoptée par les Citoyens les plus influens, nous permettroit de compter à l'avance sur le bienfait d'une Constitution qui ne pourroit plus y porter d'atteinte. Or, aucune des conditions de cette première hypothèse n'existe encore pour nous.

La

La seconde seroit la certitude que la Révolution de la déclaration des droits, la Révolution de bonne et franche égalité, est comme faite, puisqu'elle est fortement appuyée, et en quelque sorte effectuée par l'ascendant public des vrais Républicains, par le triomphe avoué, le règne reconnu des principes éternels et des maximes populaires qui en découlent, par l'accréditement et l'active circulation des journaux qui s'y montreroient constamment fidèles, par la franchise et le zèle d'un certain nombre de Citoyens qui, dans les mille étages de ce qu'on appeloit autrefois les rangs divers de la société, avoueroient hautement ces principes, en prendroient la défense au milieu de tant d'autres qui leur font une véritable et continuelle guerre.

Or, je n'entends pas dire que ces préalables soient encore remplis ; j'entends dire journellement et affirmer tout le contraire.

La trosième enfin seroit la ferme persuasion et l'opinion fondée que le *bon esprit public*, l'esprit vraiment Républicain qui est essentiellement populaire, vit, en effet, dans le cœur des divers Officiers du Peuple, ce dont on ne pourroit douter, s'il respiroit et se faisoit sentir dans le dévoûment de ceux-ci, dans l'administration de ceux-là, dans les décrets et les discussions des plus élevés en dignité, dans le langage, la conduite et les débats de tous : car alors on ne pourroit pas craindre qu'ils consentissent jamais à trahir par lâcheté ou par connivence, par une volonté molle ou mauvaise, leur mission première et leur plus saint devoir, qui est, quant aux uns, de tout ordonner pour que la Révolution marche vers son terme, et quant aux autres, de tout exécuter pour qu'elle aille, en effet, dans ce sens.

Or, l'on ne peut nier que, dans la Convention, par exemple, ce *bon esprit public* n'effraye encore la majorité qui en auroit moins de peur si elle le connoissoit bien. Je ne vois pas non plus que jamais on y rappelle à l'ordre les petits taquins que sa franchise fait bondir, les petits Messieurs qui voudroient le prendre en dégoût, les petits suffisans qui affectent de le mépriser, ni même les frénétiques qui l'outragent, les intri-

(19)

gans qui le calomnient, les douze Laubar-
demont qui l'assassinent.

La persuasion supposée ne seroit donc
pas raisonnable, et ce préalable n'a pas
plus de réalité que les précédens.

J'en conclus que sous le troisième et
dernier point de vue, l'opinion du citoyen
Salaville n'a pas même une apparence de
justesse.

Ainsi donc, dans tous les sens de l'expression, et sous tous les points de vue de la
question, prétendre et soutenir comme
chose *évidente*, que *nous avons franchi
toutes les aspérités de la Révolution,
qu'elle est faite, terminée, entièrement
consommée, qu'il faut bien vite sortir de
cette prison révolutionnaire où nous tiennent les agitations du Peuple patriote*,
pour vivre et *jouir sans inquiétude*, etc. etc.,
c'est à la fois se jouer de la raison et nier
les choses, c'est insulter au sens commun
et à l'évidence; c'est, sous des paroles de
paix, faire une véritable guerre au *bon
esprit public*; c'est abjurer ou méconnoître
le républicanisme; c'est passer à dessein

ou sans le vouloir sous l'étendard ennemi ;
c'est combattre en aveugle ou en transfuge ;
c'est enfin servir la cause de ces nouveaux
Sages , qui, sentant bien que le véritable
esprit révolutionnaire peut seul mener à
terme une Révolution , veulent étouffer le
premier afin de faire avorter l'autre.

Une Révolution , qui auroit trouvé le
Peuple entier divisé principalement en deux
portions distinctes ; l'une très-nombreuse ,
ne connoissant la prétendue chose publique
que par les vexations et les injustices de
tout genre dont elle étoit contre lui le
continuel prétexte , et ne paroissant des-
tinée qu'à travailler, souffrir, payer, obéir
et croire ; l'autre, dans ses infinies subdi-
visions , jouissant , à des titres divers ,
sous des rapports et avec des nuances très-
variées, dans des proportions toutes iné-
gales , mais, à l'exclusion presque absolue
de la *portion* populaire et vraiment labo-
rieuse, jouissant, ai-je dit, des préémi-
nences sociales, des avantages institués,
des supériorités d'opinion, et de toutes
les patentes et privilèges d'enseignement,

de commandement, d'oppression, de rapine
et de mensonge.

Une Révolution, qui auroit surpris la
très-grande partie de ces derniers hommes
dans l'habitude des préjugés serviles, des
haines réciproques, de l'égoïsme envieux
et cupide, de cet orgueil si bas qui rampe
et domine, souffre et rend des mépris.

Une Révolution, dont la plupart d'entre
eux n'auroieut pas été dignes de soupçonner
la force et de pressentir les résultats.

Une Révolution, qui, mal appréciée
par eux, les séduisant tous quand ils la
virent paroître, calomniée ainsi par leur
enthousiasme même, eût reçu son premier
appui de cette méprise et de leurs vices.

Une Révolution, qui, semblant offrir
son alliance à chaque vanité, jalouse
d'une vanité plus haute, à chaque cupidité
irritée par une cupidité plus démesurée
ou plus heureuse, devenant ainsi plus
puissante en moyens chaque jour par le
combat de tant d'intérêts enflammés, de
tant de prétentions rivales, eût été d'abord
secondée par toutes, mais bientôt aban-

donnée ou combattue par les plus inso-
lentes et les plus avides, trahie, harcelée,
insultée par tous les adorateurs de l'or et
du pouvoir, auroit vu ensuite, et successi-
vement, tous ses faux amis se tourner
contre elle à mesure qu'elle avançoit vers
la sainte Égalité.

Une Révolution, qui, depuis et dans
ces jours encore, à chaque pas qu'elle
parviendroit à faire vers ce dernier but,
laisseroit en arrière tous ceux qui, la voulant pour eux et non pour le Peuple
entier, s'efforcent de la retenir ou de la
ramener au point où, devenus égaux à
tout ce qui les primoit, ils resteroient
supérieurs à la foule des autres.

Une Révolution, que les meilleurs
Citoyens s'épuiseroient à servir, dont ils
travailleroient presque uniquement à
maintenir et à avancer l'œuvre, et dont
les mal-veillans, les fanatiques, les dupes,
les intéressés, les tièdes, les égoïstes, les
faux-sages ne cesseroient pas de troubler
ou d'embarrasser le cours, d'éloigner et
de rendre pénible l'indispensable achèvement.

Une Révolution , qui seroit incessamment et par tous moyens retardée dans sa marche , contrariée dans chacun de ses développemens.

Une Révolution nationale , qui sembleroit toucher à ce moment où toutes les espèces d'intérêts anti-révolutionnaires et de passions conjurées devroient avoir acquis, par une longue fermentation, leur dernier degré de férocité, de perversité, d'activité, d'audace, d'artifice et de rage.

Une Révolution, contre laquelle la coalition des trônes et le soulèvement de tous les fanatismes seroient à leur vrai point de maturité, de scélératesse et de fureur.

Une Révolution , qui verroit ainsi se réunir contre elle, au-dedans ainsi qu'au dehors, tous les moyens de guerre et de conspiration.

Cette Révolution , c'est-à-dire la nôtre, finiroit par tout surmonter un jour. Je le pense décidément, et je crois l'avoir prouvé; mais elle ne seroit pas à l'avance *une Révolution dont nous aurions franchi toutes les aspérités ;* elle ne seroit pas sur-tout, ainsi que vous l'avez beaucoup répété, *une Révolution faite et terminée.* S'obstiner à le redire, et prétendre que l'opinion contraire est *une étrange incon-séquence, une grande confusion d'idées, un abrutissement, un délire,* etc., ce seroit abuser des mots bien déplorablement ; ce seroit encourir le soupçon de vouloir trop tôt et trop entièrement calmer le Peuple, pour qui l'heure, d'un tel repos, n'a pas encore sonné. Cette heure sonnera quand la bonne cause, par-tout victorieuse et reconnue, aura tout soumis.

Jusques-là, je l'avoue, cette prétendue *anarchie,* qui n'est que le mouvement naturel d'un Peuple à peine resaisi, d'un Peuple mille fois trahi, d'un Peuple qui veut l'entier recouvrement et le sûr main-tien de tous ses droits ; cette *anarchie,* éternel et frivole sujet de plainte de tous les esprits hargneux ou dominateurs ; cette *anarchie,* odieuse aux *Appius* Conven-tionnels, trop exagérée par le *côté Séna-torial,* gravement foudroyée par quelques *Démosthènes* des motions d'ordre, et par les

Catons du journalisme , exécrablement calomniée par les vils profanateurs de la barre Conventionnelle, par les Tabarins de l'*Ami des lois*; cette agitation préservatrice, épouvantail et fléau de toutes les tyrannies, me paroît devoir causer peu d'inquiétude aux bons Citoyens , et ne devroit inspirer de terreur qu'aux tyrans et à leurs suppôts.

C'est l'assoupissement et la vieille crédulité qui seules pourroient, en ce genre, nous donner de sérieuses alarmes. Ce seroit au moment même où ces messieurs seroient contens du Peuple, que les vrais Républicains devroient s'affliger à leur tour; car la liberté publique seroit plus que jamais en péril.

Tant qu'ils se plaindront, au contraire, tenez pour sûr qu'elle court peu de hasards. Leurs cris mêmes et leurs emportemens prouvent que nous les contraignons à suivre, que nous allons précisément comme il faut aller pour atteindre le vrai but qui n'est pas le leur.

Et ce but, vous l'avez désigné parfaitement vous-même, c'est d'*asseoir le Peuple sur le trône Républicain dont il a fait les frais*.

Vous le voyez, Citoyen, nous sommes d'accord, etc. : vous dites cela expressément, et je me plais à le transcrire. Il seroit bien temps, en effet, qu'on lui permît d'y monter ; mais on l'en repousse sans cesse, tantôt avec insolence, d'autrefois avec beaucoup d'art.

Vous lui reprochez son agitation si naturelle, et aux amis zélés de l'entière Révolution leurs inquiétudes si fondées ; mais comment ne voyez-vous pas, que ceci même, est un assez puissant motif d'inquiétude et d'agitation ? comment ne voyez-vous pas aussi que cette agitation salutaire et vivifiante le tient en force, nourrit son énergie, élève et épure ses sentimens et ses pensées, et peut devenir la source de ses plus héroïques actions, comme de ses plus éminentes vertus ? . . . . Comment vous dissimuleriez-vous sur-tout que si cette agitation et ces inquiétudes perdoient quelque chose de leur activité,

et calmoient avant le temps, c'en seroit
fait bientôt de la véritable liberté publique, qui ne peut être entièrement con-
quise, bien défendue, conservée et solide-
ment établie que par le Peuple, par les
bras et l'esprit du Peuple?

Et quand je parle ici du Peuple tel qu'il
doit être, tel qu'il sera, n'allez pas croire
que j'aye l'insolence de le voir comme les
intrigans et les coquins osent le demander
encore, ni comme vous sembleriez le vouloir
vous-même, où tout au moins le trouver sage.

Je n'ai garde de vouloir un Peuple
soumis, confiant, docile, c'est - à - dire
esclave et dupe, attendu le peu que nous
valons en général, nous sur-tout, classe la
mieux nourrie, la mieux vêtue, la plus
intrigante et la moins vertueuse de ce trop
bon Peuple qui s'abandonneroit à nous.

Je veux un Peuple actif, surveillant,
sévère, sentant sa force, connoissant bien
ses droits, jaloux de les exercer, n'en lais-
sant jamais usurper aucun, et tenant sans
cesse, sous sa coupelle, l'universalité de
ceux auxquels, par diverses délégations,

toutes essentiellement précaires et révocables, il aura cru devoir conférer l'exercice de quelque fonction publique, et l'honorable droit de le servir.

Nous avons grand besoin de nous mettre promptement à ce régime, et d'y être rigoureusement assujettis. Nous nous y accoutumerons difficilement, je le sais; mais nous devons en sentir le besoin. Nous sommes mûrs pour ce genre d'éducation. Nous avons souffert assez de nos engoûmens successifs, de notre facile inexigence, de cette involontaire répugnance à supposer le mal, à en conserver le souvenir, de ce continuel besoin de nous confier et d'aimer, qui nous tiennent habituellement dans la disposition d'esprit la plus favorable pour tous ceux qui veulent nous tromper.

La Révolution n'a point effacé, n'a pas même sensiblement altéré sur nos physionomies morales et dans le caractère du Peuple Français, ce trait séduisant, aimable même, mais délicat et sans vigueur, qui feroit croire que la plupart d'entre nous ne sortent jamais du premier âge de la vie.

Voyez, par exemple, à quel point nous sommes encore les jouets de nos premiers Commis ; voyez comme nous sommes facilement séduits par eux ; voyez si notre crainte la plus habituelle n'est pas qu'on ne les chagrine. Ils sont, en quelque sorte, notre continuel souci ; et si l'on n'y prend garde, nous en ferons des idoles.

Nous ne croyons pas qu'on puisse jamais leur trop prodiguer les témoignages d'entière confiance, les paroles d'amour et de respect.

S'ils trahissent, nous les ménageons; s'ils trompent, nous les respectons; s'ils font leur devoir, nous les mettons sur le piédestal : il n'y manque plus que l'autel et l'encens.

Et moi-même, qui tranche ici du sévère, et qu'on croiroit bien guéri, que fais-je dans cette seconde lettre, et qu'ai-je fait dans la première?... Pourquoi n'en pas nommer quelqu'un?... Je le pourrois, je le devrois peut-être. . . .

Qu'arrive-t-il cependant, et où nous conduiroit cette longue facilité qui deviendroit une véritable foiblesse? Ces Messieurs en abuseroient à la journée, et, voyant qu'il nous est si naturel de les flatter et de les respecter, ils finiroient par ne plus se donner aucune peine pour mériter de l'être.

Cela auroit encore l'inconvénient de les entretenir dans cette haute opinion de soi-même, inconciliable avec cet autre genre de sentimens et de pensées qui devroient être les habitudes de cœur et les méditations fréquentes de tout Délégué d'un Peuple vraiment libre, et voulant l'égalité.

Qui sait même s'ils ne s'accoutumeroient pas à trouver juste et à réputer essentiel cet insolent privilège d'inviolabilité, qui déshonore encore notre esprit public, qui reparoît dans le nouveau code, qu'il faudra bien cependant tôt ou tard déclarer absurde, et dont quelques-uns d'entre eux se prévalent avec tant de dureté, de jactance et d'injustice.

Voyez, dans ces temps encore, où l'on doit craindre d'effaroucher et de rendre timide l'expression du cri populaire, parce que sa naïveté, qui fait sa force, nous est

plus que jamais nécessaire ; voyez comme
ils introduiroient sans façon , dans la doc-
trine de l'étiquette et de la fausse dignité
des séances , de la politie des galeries et
de couloirs, des civilités et procédés res-
pectifs du Peuple à eux et d'eux au Peuple ;
voyez , dis-je, comme ils introduiroient
des idées fausses et exagérées sur tous ces
objets, notamment sur leur majesté per-
sonnelle , sur leur privilège individuel de la
calomnie atroce par droit de tribune conventionnelle, de l'insolente morgue et de
l'outrage par droit de police intérieure ou
de grand fauteuil, et par-dessus tout, sur
ce qu'ils appellent *leur liberté d'opinion*,
liberté farouche, ombrageuse, excessive,
tyrannisante , illimitée, avec cette seule
condition, de ne l'exercer dans ses monstrueux écarts, que contre le Peuple et ses
droits ; intolérable despotisme, se cour-
rouçant et s'exaspérant au moindre mur-
mure de ceux-là mêmes , qui, trop fondés
à craindre qu'on ne trahisse le Peuple , sentent qu'on l'insulte au moins, étrange con-
sécration d'un nouveau genre d'orgueil et

de férocité , qui , provoquant sans cesse l'indignation qu'il faudroit contenir, assassineroit encore jusqu'au droit sacré de plainte.

Ce que je dis là ; je l'ai vu moi-même ; ce que je vais dire m'est inspiré par la lecture du Moniteur : tous ceux qui lisent avec quelque attention cette feuille (non suspecte en ceci , puisque les Montagnards semblent être les seuls qui la réprouvent) seront de mon avis, ou même ont déjà fait l'observation qui suit ; je l'offre à ceux à l'esprit desquels elle ne se seroit pas encore présentée.

Je pense que si l'on vouloit former un Recueil de propositions les moins populaires tout ensemble et les plus tristement folles qui puissent être imaginées, il suffiroit de rassembler et d'enregistrer, par date, ce qu'ont dit de plus saillant, relativement à l'inviolabilité de trahison et d'insulte, ceux de nos Représentans, qui ne contestent l'évidence de leur excessive liberté d'opinion, que pour exercer tranquillement un despotisme outrageant et impuni.

Il est évident que cette tyrannique dépra-
vation, cette dégénération monstrueuse de
la loyale Liberté, finiroit par l'anéantir
elle-même; et ceux qui l'exercent et la
définissent ainsi, ne la concevront jamais;
ils n'en ont pas le sentiment.

Je vais, à cet égard, produire un seul
trait : ce n'est pas qu'il soit le plus fortement prononcé; car, à leur début même,
nos quelques *Pairs* allèrent plus loin; le
cri de guerre de ces Milords et Messieurs,
jetant le gant à la montagne des Com-
munes par l'appel d'une garde prétorienne,
est un crayon qui ne peut pas être égalé.
Ces Messieurs mollissent; ils veulent opposer, au double attentat du patriotisme et
des murmures, non plus des Strélitz, mais
un bourreau.

Je rappelle ici, et je transcrirai plus bas
l'article IX du projet de Pacte social pré-
senté à la Convention nationale par un de
ses Membres dans sa séance du 11 mai.

L'Orateur, dans une opinion extrêmement travaillée et non moins bizarre, avoit
d'abord prétendu que le ci-devant Peuple

Français, ayant anéanti *ses Lois et rompu le Pacte social*, venoit de se transformer en une simple *aggrégation* d'hommes indépendans, qui *entroient, par la voie de leurs Représentans* (1), *en conférences négociatives, etc.*, d'où il concluoit que tous les individus propriétaires étoient maîtres de fuir le territoire de la République en la dépouillant de tous leurs biens, et que les non propriétaires n'avoient rien de mieux à faire que d'en sortir aussi, pour aller chercher ailleurs des propriétés, ainsi qu'il leur en donnoit l'avis.

Cependant, comme il admettoit, sans doute, que la pérégrination pourroit bien n'être pas complette, il avoit pris la peine de rédiger un *Pacte social* à l'usage de ceux qui resteroient avec l'intention de *réorganiser la Société.*

Ce *Pacte social*, base première et condition fondamentale de la nouvelle association, seroit avant tout comme de raison,

____

(1) L'hypothèse admise, ces Représentans ne sont plus.

et devroit obtenir l'assentiment de tout individu qui voudroit en être membre, lequel seroit obligé de le sanctionner par sa signature, ou par tout autre mode de consentement authentique et formel.

Par ce *Pacte social*, antérieur à toute négociation constitutionnelle, l'auteur veut absolument *qu'on lui garantisse sur-tout son droit naturel de propriété, parce que c'est ce droit qui court les plus grands risques dans le régime démocratique que nous allons adopter.*

Or, *le but de toute réunion d'hommes en société étant le maintien de leurs droits naturels*, et le droit de propriété étant ici réputé le plus important des *droits naturels*, il est évident qu'une Constitution qui, bien loin de le garantir, le compromettroit sans cesse et lui *feroit courir les plus grands risques*, ne pourroit jamais devenir obligatoire pour l'auteur de l'hypothèse. Telle est la profession de foi civique de ce bon Républicain, d'après laquelle, à moins qu'on ne le tranquillise par l'adoption d'une Constitution aristocratique, il faudra, sous peine d'être taxé d'inconséquence, qu'il émigre en emportant tous ses biens, sur-tout si, au lieu de signer son Pacte social, on a la cruauté d'en rire.

Ce ne seroit pas le cas cependant, car l'auteur du Pacte ne paroît pas railleur, et jamais peut-être on n'a rien dit de plus terrible sur la religieuse inviolabilité du droit d'opiner selon sa fantaisie.

Article IX. *Les Membres de la Représentation nationale jouiront d'une liberté d'opinions sans bornes...... Le code pénal portera peine de mort contre quiconque attenteroit à cette liberté (sans bornes) par quelque moyen que ce fût.*

Cela même n'a pas été jugé suffisant : on a pensé que cette manière d'assassiner lés Catons ou les rieurs déplairoit peut-être à la ville qui seroit le théatre de ces abominables exécutions ; et comme en ce cas, les Députés impudens ou traîtres ne manqueroient pas de dire que ce mécontentement *séditieux* gêne leur *liberté sans bornes*, le Corps des représentans seroit tenu de délibérer pour se transporter ailleurs, et le décret de cette translation deviendroit un arrêt de *mort* universel, qui, menaçant indistinctement la parole ou le silence, la moindre action et le plus léger défaut d'action, *tout obstacle direct ou indirect*, et toute *négligence* ou tiédeur à la favoriser, fourniroit ainsi l'occasion de dépeupler une ville entière, au nom de la loi et par la main du bourreau. Quant aux Membres de la Représentation nationale, dont les discours, les écrits, la conduite seroient une perpétuelle conjuration (et certes, cela seroit immanquable, dans une *aggrégation* d'hommes, qui auroient eu l'indignité, l'insigne lâcheté de consentir un tel *Pacte*) contre le peuple et ses droits, le rédacteur du *Pacte social* n'a pas cru devoir s'en inquiéter; il n'y en est pas dit un seul mot. Cela entre apparemment dans la véritable idée d'une *liberté sans bornes et d'une entière sûreté, nécessaires* pour conspirer tranquillement et impunément.

Je lis ces belles choses dans le Moniteur,

et je n'y vois pas que les tribunes aient
laissé échapper aucun signe d'improbation ;
mais l'Assemblée, moins impassible, a
cru devoir les consacrer par la plus expres-
sive de toutes les mentions honorables ;
sans perte de temps, elle a placé l'auteur
dans le Fauteuil national, qui produit un
tout autre effet que le Fauteuil académique.
Jamais on ne vit un nouveau promu si
verbeux ni plus éveillé. Chaque jour, il
gourmande vigoureusement les tribunes ;
il improvise même des *révélations*, que
l'on affiche par décret ; *révélations* plus
raisonnables encore, s'il se peut, que
l'idée de son nouveau *Pacte social* ; elles
ont sur lui l'avantage inappréciable d'être
parfaitement perfides, précisément incen-
diaires, singulièrement propres à mûrir le
grand-œuvre du fédéralisme, par la translation de la Convention nationale hors de
Paris, translation, qui, vous le voyez
bien, n'est plus qu'une fausse alarme, et
n'entre pour rien dans le complot obscur
de ces sages meneurs, trop petites
mouches pour un si grand coche.

Mais le point où ils excellent, c'est la harangue en contre-partie sur chaque pétition commandée ou communiquée ; on sait bien qu'ils ne sont pas gens à préparer leur réponse à l'avance ; ce dernier sur-tout ne peut en être soupçonné : que lui vaudroit la préparation ? Sa manière du moment est si heureuse et si facile !

Il est de même bien connu que, purifiés de tout despotisme et de tout artifice, incapables de jactance, étrangers aux petits dépits, ne soupçonnant pas la haine, ne concevant pas la fureur, méprisant l'intrigue, n'aimant que le Peuple et leurs devoirs, entretenant ainsi et fortifiant, chaque jour en eux-mêmes, cette paix de l'âme, ce sentiment de sécurité, première et continuelle récompense des cœurs purs, ils doivent être, ils se montrent, en effet, inaccessibles aux puériles appréhensions et aux terreurs vaines.

C'est donc sans aucune espèce de retour sur eux-mêmes, c'est avec autant de bonne foi que de justice, c'est d'abandon et comme par l'inspiration habituelle et toujours présente d'un zèle infiniment louable, que ces quelques *Pairs* si bien intentionnés et si modestes, secondés par quelques répétiteurs bénévoles, prudens et sages comme eux, travaillent sans cesse à l'humiliation nécessaire des Sections de Paris, et à la réprobation non moins nécessaire de tant de fous incurables, amateurs obstinés de la déclaration des droits, bien inexcusables sans doute, car le remède à leur *mal* est sous leurs mains.

Nos *Sages* en effet, qui en ont bien reconnu l'abus, tiennent école ouverte, et les heures de grande leçon sont celles où, par leurs réponses aux Pétitionnaires, ils endoctrinent la République entière.

Ne trouve-t-on pas d'ailleurs un autre topique non moins souverain contre cette maladie de Liberté et d'Égalité, dans deux Feuilles *inviolables*, qui, depuis huit mois, offrent un cours journalier d'obéissance aveugle et de contre-déclaration des droits?

La *maladie*, appelée *Républicanisme*, ne résistera donc pas; ce n'est qu'un *fléau* passager, presque éphémère, et tant qu'elle exercera ses ravages, il ne faut pas que les *Messieurs* qui la *traitent*, perdent de vue un seul instant le grand *principe* qu'ils ont établi. Je n'en connois pas de plus propre à soutenir leur courage.

Ce *principe* est qu'ils ne doivent aucune espèce de compte de leur conduite aux Citoyens qui, la tenant incessamment sous leurs regards, sont par-là même hors d'état de la juger, mais seulement à ceux qui, ne la voyant qu'à travers le double prisme des journaux affidés et des adresses de retour, ou par la lunette de correspondans élus, sont bien sûrs, comme on voit, de n'être jamais trompés.

Rien n'est plus raisonnable sans doute, ni mieux entendu; je n'ai garde de contester l'utilité d'un principe si commode; il est doux, il est rassurant. Quoi de plus simple d'ailleurs, que d'appeler ainsi du jugement de ceux qui regardent, écoutent, voient et entendent, à l'opinion de ceux qui ne sont à portée ni d'entendre ni de voir?

Je ne blâme donc pas ce bel arrangement; au contraire, je l'admire et j'en félicite nos

Sages. Seulement je désirerois que leurs familiers, si toutefois ces grands personnages supportent des *familiers*, prissent la liberté de leur soumettre deux observations très-naïves.

La première, c'est que, *si la tyrannie, en bonnet rouge et sous des haillons*, n'est qu'une plaisanterie de monsieur le Président, on pourroit y opposer l'idée moins chimérique d'une tyrannie vraiment exécrable et désespérante; ce seroit celle de quelques intrigans ambitieux, qui, payés par le Peuple pour étudier et décréter sa volonté souveraine, décréteroient et feroient exécuter leurs volontés particulières, ce qui offriroit le renversement positif de l'ordre social et le dernier terme des calamités publiques.

La seconde, c'est que de tous les despotismes d'un jour, le plus monstrueux comme le plus révoltant, seroit celui d'un Commis du Peuple, qui, du haut du Fauteuil national, fou comme un Prophète et plus insolent qu'un Vizir, jetteroit l'horrible cri de la guerre fratricide, vote-

roit et prédiroit la dévastation et le car-
nage, proclameroit, avec imprécation, le
renversement, la ruine entière et l'efface-
ment absolu sur le sol qu'elle couvre de
la cité commune, de la ville de tous, du
chef-lieu Républicain, abreuveroit d'ou-
trages les irréprochables Magistrats de cette
commune, la justifiant avec une dignité
calme à cette même barre où l'on avoit
ouvert, en quelque sorte, le Panthéon à
ses accusateurs, (1) insulteroit, avec arro-
gance, avec atrocité de jeunes pétitionnaires sacrés à ce seul titre, sacrés puisqu'on les persécute, sacrés puisqu'ils plai-
doient la cause de l'innocence dans les
fers, de la vertu civique sous le couteau
de la diffamation, respectables enfin et
véritablement dignes de l'estime et des

---

(1) Un Décret solemnel venoit d'être rendu, qui,
pour mieux resserrer les liens entre les Départemens
divers, et pour la plus grande gloire de la portion du
Peuple Français, qui forme le vœu de Paris, décla-
roit à tous que les accusateurs de ce bon Peuple
avoient bien mérité de la Patrie.

bénédictions du Peuple, par leur courage à dénoncer les tyrans et à terrasser les calomniateurs.

Il est vrai que depuis peu le Président que je désigne ici, est de tous les hommes peut-être celui que la franchise populaire épouvante le plus. Les expressions nûment Républicaines l'agitent jusqu'au soubre-saut, et lui font ouvrir les plus grands yeux du monde : l'on croiroit alors que le démon de la déprécation va le saisir. Il paroîtroit donc équitable de ne pas le juger avec trop de sévérité, et de lui appliquer ce qu'il a rappelé si convenable-ment lui - même : — *Pardonnez - leur, mon père, car ils ne savent ce qu'ils font.*

Il ne faudroit pas cependant s'habituer à faire ainsi du Fauteuil national, l'un de ces vieux trépieds qui inspirèrent les *révélations*, et où se prononçoient les oracles.... Ce n'est là, ni de la dignité, ni de la force : cela n'en a pas même le dehors dans le siècle de la raison.

Il ne faudroit pas non plus transformer ce fauteuil en chaire de Professeur, en bureau de Régent qui dicte des leçons, ou menace de la férule :... le ridicule en seroit excessif.

Les *pétitionnaires* qui se présentent à la barre pour former des demandes quelconques en redressement, réparation, abolition, institution, secours, etc., pour dénoncer la négligence ou le crime, la sottise ou l'iniquité, pour réclamer justice ou vengeance, ces *pétitionnaires*, ai-je dit, sentent bien qu'ils ne sont pas là sur les bancs d'une école, ni à *Delphes*, dans un sanctuaire de mensonge et de folie ; ils ne veulent pas recevoir des instructions ou consulter l'oracle ; ils veulent exercer un droit sacré, conservateur des autres droits, un droit, sans le libre exercice duquel, le Peuple, chaque jour, sentiroit le besoin de s'insurger jusqu'à ce qu'il eût renversé tout, ou succombé lui-même.

Pour que ses Lois aient de la rectitude ; ses Délégués, du zèle et de l'intégrité ; les amis de la Déclaration des Droits, une énergie soutenue ; ses ennemis, un reste de pudeur par le continuel sentiment de la verge et du frein, il importe que le droit de réclamation, d'avis, de remontrance, nommé si lâchement encore droit de *pétition*, soit maintenu soigneusement et sans restriction, librement exercé par les Citoyens et les diverses sections du Peuple, et respecté, jusqu'au scrupule, par ses Représentans, qui ne doivent jamais, s'ils sont fidèles à leur devoir, en redouter les importunités ni les hardiesses.

Et qu'on ne m'objecte point ici qu'un tel système consacre ou favorise l'usurpation des droits du souverain. Le souverain n'*avise* pas, il veut et il ordonne; le souverain ne *réclame* pas, il absout, il condamne, il annulle; le souverain ne *remontre* pas, il rejette, il accepte.

C'est ici le cas de repousser, comme dangereuse et frivole, la prétention élevée par quelques Représentans du Peuple, qui paroissent vouloir faire adopter la maxime, que la Représentation nationale, étrangère en quelque sorte à tous les Citoyens, ne doit avoir égard qu'au vœu formellement prononcé par le Peuple entier : rien ne ressembleroit davantage au système de la monarchie absolue. On sait que les Rois dépendoient de Dieu seul ; et si c'étoit là la plus suprême des dépendances, c'étoit bien aussi la moins gênante. La position de nos Délégués seroit à peu près la même : car un souverain, qui n'est nulle part précisément, parce qu'il est par-tout, ne les incommoderoit guère et ne pourroit les saisir en aucun lieu. La surveillance des Citoyens seroit sans effet ; elle n'auroit plus d'objet. La souveraineté du Peuple, rendue illusoire et vaine, seroit sans cesse éludée ou violée par le respect même qu'on lui porteroit. La superstition des formes l'emportant sur l'intérêt du fond, le premier des principes sociaux seroit seulement une vérité de notre système, une exception de notre code, mais non pas une des réalités de notre existence politique. Nous perdrions la chose pour rester fidèles à la rigoureuse acception du mot.

C'est donc une grande erreur de croire ainsi pouvoir appliquer à l'exercice pratique de ce droit d'influence, la sévère exactitude des définitions théoriques, et la parfaite justesse des idées spéculatives.

Sans doute la souveraineté *réside essentiellement dans le Peuple entier;* elle y réside exclusivement, immuablement : elle est intransmissible, elle est incommunicable; mais, pour que la volonté essentiellement bonne et juste du Peuple souverain ne soit pas impunément bravée ou trop fréquemment méconnue, pour que son droit de surveillance suprême soit réellement exercé, pour que ce souverain, qui, ainsi que je le disois plus haut, n'est nulle part précisément, parce qu'il est par-tout, mais dont aussi les élémens sont en effet par-tout, puisse toujours réprimer ou contenir l'orgueil de ses mandataires, éclairer leur ignorance, les redresser dans leurs erreurs, les châtier quand les fautes sont graves, prévenir, étouffer ou punir leurs trahisons; il faut que l'expression du vœu des citoyens et des diverses sections du Peuple soit parfaitement libre; il faut encore que le vœu lui-même soit pris en

considération

considération par ces mandataires ; il faut qu'ils y cherchent des indices ou un régulateur, qu'ils y puisent des renseignemens, qu'ils en reçoivent des lumières, qu'ils y apperçoivent, tout ensemble, un des moyens comme une des limites de leur puissance ; il ne faut pas qu'ils tentent d'en affoiblir l'énergie ou d'en décourager la sincérité ; il ne faut pas qu'ils permettent à leur Président de le dédaigner en leur nom, bien moins encore de le railler ou de le calomnier ; il ne faut pas que jamais ils oublient que si l'exercice de la puissance leur fût instantanément conféré, cette concession, essentiellement précaire et révocable, est en outre, et par cela même, soumise, dans l'usage qu'ils en font, à la surveillance de tous comme à la suprême juridiction du Peuple, dont les droits sont toujours subsistans, dont le pouvoir sur ses Délégués est impérissable ; il faut qu'ils sentent combien sont nécessaires et sacrés ces droits de réclamation, d'avis, de remontrance, qui ne seroient plus qu'une possibilité spéculative, si l'on affectoit d'en appeler sans cesse au Peuple entier, qui n'est en aucun lieu pour échapper à chacune de ses Sections ; il ne faut pas sur-tout qu'ils se dissimulent qu'à raisonner en rigueur, presque tout est fictif dans ce caractère de Représentation nationale que l'intérêt public nous commande de reconnoître en eux ; ils doivent même sentir que tout y deviendroit illusoire si jamais ils se croyoient dispensés d'étudier et de bien connoître la volonté générale dont nous les avons constitués, pour un temps, les organes présumés ; car, c'est cette volonté seule qui doit gouverner ; et, comme on l'a fort bien dit, *la volonté ne se représente pas ; elle est la même ou elle est autre.* Si elle est la même, ce n'est pas sa représentation, c'est elle-même ; si elle est autre, ce n'est ni elle ni sa représentation, c'est tout simplement autre chose. Or, comme ce n'est pas cette autre chose qui doit gouverner, comme la volonté générale est la vraie souveraine, comme elle ne peut régner en effet qu'en se montrant et se faisant entendre, comme elle ne seroit jamais proclamée si ses Ministres eux-mêmes refusoient de la produire et sembloient craindre de la rencontrer, il faut qu'ils lui facilitent, ou du moins que jamais ils ne gênent ou ne contrarient l'emploi d'aucun des moyens qu'elle peut avoir de se développer, de se propager, de s'affermir et se perfectionner, de recevoir enfin ce double caractère d'unité et de solemnité, sans qui la volonté publique n'a ni grandeur ni force.

Il faut même, avant ses derniers progrès et quand le travail de son entière formation est arrêté par quelque grand obstacle, lui permettre de devenir impétueuse, et trouver bon qu'elle éclate alors dans toute la liberté de sa jeune fougue. Les inconvéniens qui peuvent en résulter, ne sont rien au prix de ceux qui, dans le cas supposé, naîtroient infailliblement d'un silence prescrit, d'une adhésion craintive ou d'une servile adulation (1).

____

(1) Aussi, quand je considère aujourd'hui sur quel ton parlent depuis huit mois certains journaux et certains Mandataires, relativement aux tribunes publi-

Si jamais, en effet, ce lâche système redevenoit notre sagesse et notre vertu, déjà le Peuple auroit mis en oubli tous ses écrits, et le gouvernement tous ses devoirs; le premier de ces vices produit inévitablement l'autre. L'esprit public seroit ainsi corrompu dans sa source, ou plutôt étouffé dans son germe : car, s'il ne peut être préservé d'altération que par la conscience habituelle et le fréquent exercice des droits du citoyen, il ne peut naître aussi que du sentiment vrai de ces mêmes droits.

Mais un sentiment contraint, un sentiment inquiet et toujours effarouché n'est qu'un sentiment faux et avorté, ou plutôt,

---

ques, aux Sociétés vraiment populaires, aux Sections de Paris, à leurs Adresses et Pétitions, etc., quand je compere ce ton à celui qu'ils affectoient naguères sur les mêmes objets, je ne puis résister à cette appréhension, ici trop naturelle, qu'après avoir triomphé d'une faction par le secours de ces organes si énergiques et si naïfs, ils ne soient devenus eux-mêmes la faction nouvelle, qui voudroit, à son tour, étouffer ces organes restés purs.

s'il n'a pas assez d'énergie pour se roidir et tourner en révolte, s'il mollit et se développe dans l'humiliation et la gêne, il devient en effet un sentiment d'esclavage.

Qu'une fausse sagesse ne nous fasse donc pas dévier de la grande et véritable route des principes. Conservons soigneusement, maintenons précieusement, dans son intégralité parfaite, ce droit que le Peuple a voulu réserver, parce qu'il a dû sentir que son exercice journalier, individuel, partiel, mais toujours libre, seroit, en quelque sorte, le palladium de ceux dont il fait passagèrement l'abandon ou le dépôt. On a eu raison de dire qu'il n'appartient à personne, pas plus à des Législateurs qu'à des Constituans, *d'interdire ou restreindre ou condamner l'exercice* de ce droit : les excès dont il pourroit devenir le prétexte ne seroient pas une raison de penser qu'il fût légitime d'y porter atteinte. S'il en étoit autrement, quel droit seroit respecté ? La possibilité ou même la certitude d'abus n'est-elle pas à côté de l'exercice de tous les droits ? Ce seroit d'ailleurs une bien déplo-

rable pusillanimité, que de trop redouter
les écarts du zèle civique qui remontre ou
qui réclame. Ah! qu'il acquière encore,
s'il se peut, plus d'énergie et de rudesse! il
n'en vaudra que mieux. Aimons sa franchise, aimons ses brusques incartades; cela
ne le dépare point aux yeux des Républicains, cela nourrit sa vigueur et fait partie
de sa puissance. Je sais bien que des intrigans en abuseront quelquefois; ils feront
jeter à la Barre quelques brûlots de Feuil-
lantisme; ils vomiront, par la bouche de
leurs *Avoués*, quelques insolences bien
lâches et bien calomnieuses; elles seront
dirigées contre cette portion du Peuple
qu'ils n'ont pu guérir encore ni de sa haine
de l'esclavage et de l'intrigue, ni de l'amour
et du sentiment vrai de ses droits. Qu'en
résultera-t-il? Un très-grand bien. Leur
haine contre le Peuple sera mieux connue,
ainsi que le profond mépris du Peuple pour
eux. Je ne sais même si ce caustique ne con-
viendroit pas à l'état de leur tête : ce ne sont
pas, à mon sens, des malades désespérés;
non, je ne mets pas *nos Feuillans* dans la
classe des incurables.

Qu'on ne s'y trompe pas , il est des Feuillans de toutes les *manches* et de diverses
réformes. Le point commun de leur doc-
trine, c'est de ne pas croire à l'*Égalité* qu'ils
ne peuvent entendre , parce qu'ils n'ont pas
encore le bonheur de l'aimer. Aussi , chacun
d'entre eux , et je l'ai dit , mais cela doit être
répété , chacun d'entre eux n'a voulu de la
Révolution que jusqu'au terme où il croiroit n'avoir plus de supérieurs , mais en être
un lui-même. Ainsi donc , à mesure que la
Révolution marche vers son véritable terme,
la bonne et franche Égalité, elle laisse en
arrière , par intervalles , des pelotons de
nouveaux *Feuillans* , formés de tous ceux
qui ne veulent pas suivre. Il faut convenir
que la vue de tous ces groupes dispersés a
quelque chose de très-réjouissant , mais leur
réunion en une seule masse , si jamais elle
s'opère , seroit vraiment une chose ravis-
sante. Voilà deux beaux sujets pour le pin-
ceau de David ; et je souscris d'avance.

Vous voyez , citoyen Salaville , que
comme vous je ne veux pas qu'on *coupe*
ces têtes *dérangées ;* je veux seulement que

David les peigne, en attendant qu'on les *change* ou, si vous l'aimez mieux, qu'on les arrange et qu'on les règle. Et certes, cette mesure révolutionnaire n'a rien de barbare. Je la trouve aussi plus gaie que la petite mesure de bouleversement dont vous entretenez depuis quelques jours vos Souscripteurs.

Eh! quoi, Citoyen modérateur, vous qui nous répétez encore que les heures d'inquiétude et d'agitation ont passé pour ne plus reparoitre ; que chacun peut dormir en paix, uniquement occupé de ses affaires propres ; qu'il faut rester *assis*, et *jouir* à l'aise des douceurs d'une *Révolution entièrement consommée!* ... Vous nous dites, en même temps, que *la chose publique est inévitablement perdue* et sans ressource ultérieure, si l'on ne casse pas la Convention toute entière, et que si on la casse, *la chose publique est dans le plus grand danger.* Or, comme la dernière de ces expressions est moins absolue que la première, et n'écarte pas entièrement toute idée d'une possibilité de salut public, vous persistez et vous confirmez, en ces termes, l'arrêt ou le vœu de cassation : — *Il faut donc se hâter, comme nous l'avons déjà dit, de renouveler la Convention, et d'en exclure absolument tous les Membres qui la composent. Tout est perdu si cette mesure n'est point adoptée.. . . .*

Rien n'est mieux imaginé sans doute, qu'un tel renouvellement. Il resteroit seulement l'embarras de faire agréer au Peuple ce joug de restriction qu'on feroit peser sur le plus libre des sentimens et le plus absolu des droits.

Il faudroit, par exemple, engager les riverains de la Gironde à répudier Vergniaud et Fonfrède ; il faudroit faire entendre aux vainqueurs de la Bastille qu'ils doivent se séparer d'une députation digne d'eux, pour y substituer des hommes qu'il leur sera difficile d'aimer et d'estimer davantage. Mon raisonnement s'applique, sans distinction, à tous les Départemens ; la difficulté seroit égale en chaque endroit, et si la discorde règne sur quelques Cantons, sa domination y deviendroit plus forte et plus désolante.

La mesure que vous proposez seroit à la fois, si j'ose le dire, l'aliment substantiel des passions jalouses, le ressort et l'instrument de l'esprit de parti ; la division seroit au comble, et ses suites sanglantes et terribles.

Observez encore que votre *Loi de restriction* ne pourroit être portée que par la Convention nationale actuelle : or, indépendamment *du très-grand danger de la mesure*, (ce sont vos propres paroles) est - il rien de plus décourageant, tout ensemble, et de plus fou à proposer qu'une mesure de salut public, déclarée unique et indispensable, qui ne pourroit avoir lieu que par la soumission du Peuple à une *Loi*, à laquelle très-certainement il ne se soumettroit pas ? Il ne se soumettroit pas à cette *Loi de restriction* ; elle ne seroit pas exécutée : et de cela, j'en vois trois raisons principales. . . . . . La première, c'est qu'elle est injuste et révoltante en soi ; la deuxième, c'est qu'elle auroit contre elle, en ce moment, l'irrésistible force des circonstances et l'égale opposition des deux partis ; la troisième c'est qu'elle seroit portée par une assemblée que l'on suppose alors déjà proscrite par le cri Populaire, reconnue *incapable de sauver la chose publique*, attaquée de *la maladie de domination*, et proclamée *tyrannique*.

Ah ! ça, convenez, Citoyen paisible, que pour un homme ennemi de tout dérangement, et qui paroît condamner, de préférence, les saintes agitations de l'esprit de liberté, vous ne laissez pas que d'éprouver, pour votre compte, d'assez fortes agitations, et de vouloir aussi quelques dérangemens. Je confesse que celui-ci me passe, et malgré ce que vous semblez penser de mon *impatience*, je ne puis approuver la *serre chaude* de *vos élections* précoces et tout à fait intempestives......

L'*Arbre de la Liberté*, sans cesse arrosé des sueurs du Peuple, pénétré dans chaque fibre et rendu vivace par le sang de ses généreux Défenseurs; cet Arbre d'éternelle verdure qui appelle tous les regards, que tous les bras soutiennent, que le laboureur chérit, que le soldat embrasse, que le cable et l'ancre affermissent; cet Arbre impérissable doit être soigné quelque temps encore, embelli même, s'il se peut, et fortifié par la main Conventionnelle.

J'avouerai pourtant, dans ma douleur, que j'ai vu là des hommes qui, à découvert quand ils l'osent, et en secret toujours, cherchent à frapper l'Arbre en sa racine. Mais le Peuple aussi est là; mais ce Peuple les surveille; mais ce Peuple est debout. Allons, Républicain Salaville, debout avec lui, et ne consentez à vous asseoir que lorsque tous ses ennemis seront à ses pieds.

A qui, d'ailleurs, prétendriez-vous persuader que la *Révolution est entièrement consommée?*

Seroit-ce à ses ennemis, qui, au-dehors comme au-dedans, en cent mille manières, par toutes les voies et moyens imaginables, rendent encore sa marche douloureuse et pénible, retardent ses progrès, nuisent à son achèvement?.... — Ils ne pourroient pas vous croire; ils ne le voudroient pas non plus.

Seroit-ce à ses amis, qui, résolus à tout braver, tout souffrir, tout sacrifier pour elle, occupés en tous lieux et travaillant de tous leurs moyens à rendre sa marche moins fatigante pour tous, moins difficile pour elle, veulent en effet son achèvement, et sont assurés de l'obtenir un jour?.... — Ils ne pourroient pas vous croire; ils ne consentiront jamais à se conduire en hommes qui vous croient. Ce seroit là trahir la plus sainte cause, et cette lâche complaisance ne produiroit que des malheurs.

Enfin, seroit-ce à cette classe indécise et sans nom, qui, supportant à peine la Révolution telle qu'elle est, formant peut-être en secret le vœu de la voir adoucie quelque jour, ou châtrée à l'avance, mais ne voulant pas, au moins, qu'elle arrive à terme et sorte entière, imaginent confusément qu'il existe quelque secret pour la fixer là, sans la faire avorter? ... — Ce sont des imbécilles ou de francs égoïstes : ils nuisent beaucoup.

Les prèmiers, se moquant de vous intérieurement, pourroient cependant appuyer quelquefois votre opinion, parce qu'elle endort le monde et amoindrit le nombre, le zèle et la vigilance des Vedettes et des Combattans. Tel n'est pas votre vœu, sans doute.

Les seconds ne pourroient jamais vous passer un tel caprice; ils ne contesteroient pas votre talent; ils en déploreroient l'abus; ils en solliciteroient un plus irréprochable emploi; ils l'attendroient avec confiance; ils y compteroient; car, ils vous jugent dignes d'estime, et ils veulent pouvoir vous l'accorder, pure et entière comme la véritable Révolution; mais en attendant, ils vous blâmeroient et seroient en droit de vous blâmer. Ce n'est pas là non plus ce que vous cherchez.

La troisième classe vous honoreroit, vous exalteroit, vous béniroit; elle croiroit en vous; elle se flatteroit bien de devenir plus nombreuse et plus forte chaque jour par l'erreur de votre système et par l'influence de l'article *Paris* sur l'esprit des diverses Sociétés qui lisent la feuille des *Annales*.

En effet, prétendre que notre situation actuelle est le dernier pas, le mouvement final, l'apogée, si l'on peut ainsi dire, de l'effort et de l'ascension révolutionaire ; et que, dans cet état de *consommation absolue de la Révolution*, il faut *prescrire* aux Patriotes *la confiance et le repos*, pour y *stationner* sans inquiétude et sans souci, c'est assurément offrir aux hermaphrodites de la Révolution, l'opinion qui flatteroit le plus leur sottise, et contrarieroit moins leurs lâches et continuels efforts pour annuller ce qui est fait, et faire oublier ce qui reste à faire..... Assurément encore, ce ne peut pas être là ce que le Républicain Salaville demande... Que veut-il donc?...

Je ne le rappelle pas aux principes; il n'a pas besoin que je l'y ramène ; il les connoît et y reviendra de lui-même. Quand il les abandonne, il ne faut pas croire qu'il s'égare.

Je ne le rappelle pas à la saine logique; il n'a pas besoin que je l'y ramène ; il m'est démontré que c'est la marche *naturelle* de son esprit, qui peut se plaire un moment dans le badinage et l'essai d'une marche toute contraire.

Mais, en franc Républicain, je le rappelle à la constante profession des principes et à la parfaite bonne foi.

P. A. ANTONELLE.

Rochefort en mer, 5 juin, l'an 2ᵉ. de la République une et indivisible.

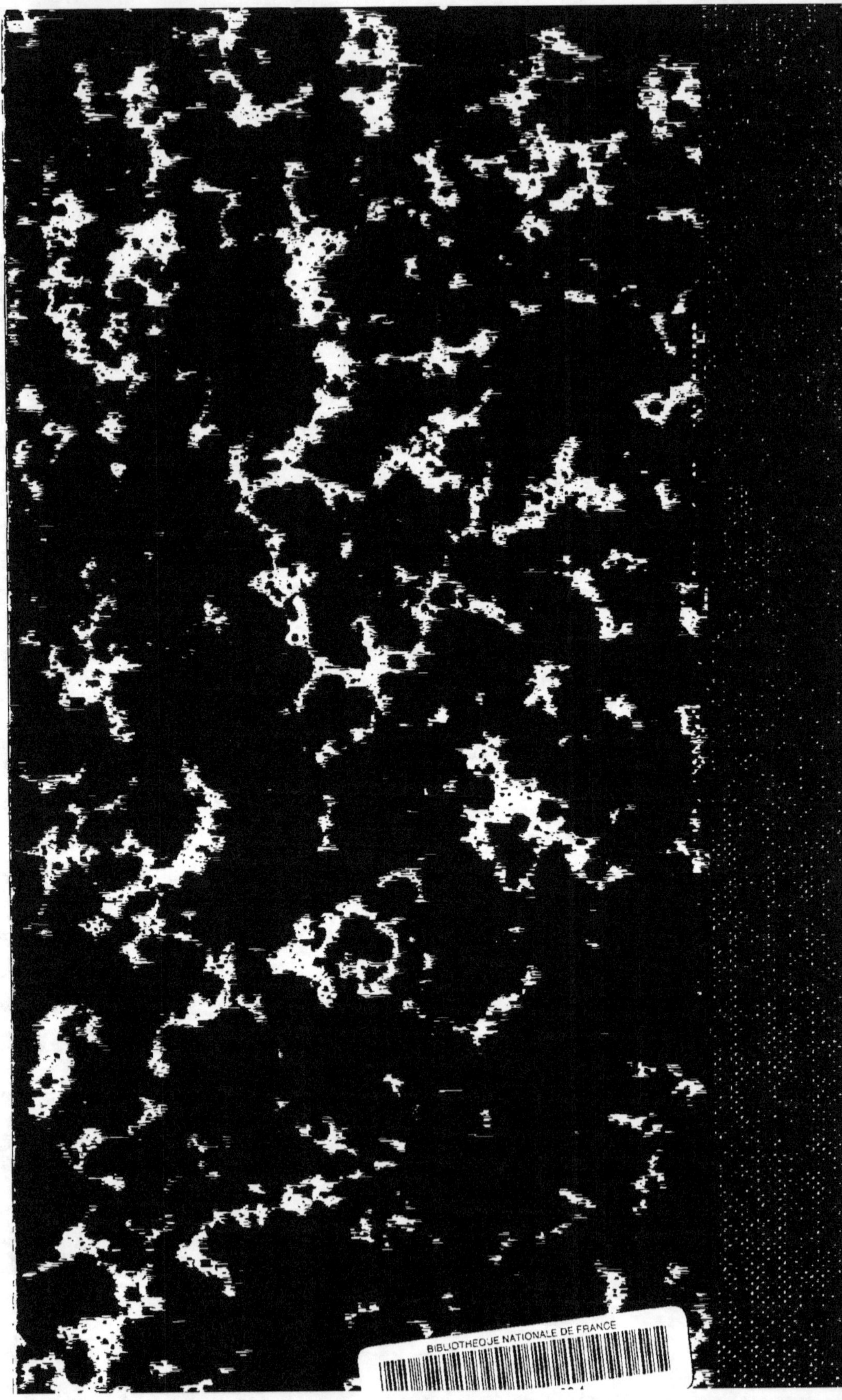